Modela tu cuerpo

Busto firme
y
brazos estilizados

...para mejorar tu figura

HERAKLES

Colección **HERAKLES**

Modela tu cuerpo

Busto firme
y
brazos estilizados

...para mejorar tu figura

Sabine Letuwnik

Contiene 110 ilustraciones fotográficas

EDITORIAL HISPANO EUROPEA S. A.

Asesor técnico: **Santos Berrocal**

Título de la edición original: **Bodytrainer. Brust und Arme.**

© de la traducción: **Conrad Niell i Sureda.** Girona.

Es propiedad, 1994
© **Rowohlt Taschenbuch Verlag GmbH.** Reinbek bei Hamburg. (Alemania).

© de la edición en castellano, 1998: **Editorial Hispano Europea, S. A.** Bori i Fontestà, 6-8. 08021 Barcelona (España).

Autoedición y grafismo: **Estudi Chifoni.**
Liuva, 34-36 1º 2ª. 08030 Barcelona. (España)
(Tel. y Fax: 346 94 73.)

Depósito Legal: B. 28000-1998.

ISBN: 84-255-1238-7.

ÍNDICE

LA AUTORA

Sabine Letuwnik, nacida en 1963, es profesora diplomada de gimnasia. Como preparadora física adquirió experiencia durante dos años en el extranjero. Después ejerció la dirección de un centro de preparación física antes de que se independizara al frente de un centro especial para mujeres. Sabine Letuwnik es madre de dos hijos.

PRÓLOGO

A través de dos embarazos he tenido ocasión de conocer a muchas personas que, al igual que yo, querían con la mayor rapidez y efectividad posible, conseguir de nuevo una figura que satisfaciera sus deseos, y ha sido esta experiencia personal la que ha constituido el estímulo que me ha llevado a desarrollar y poner en práctica unos ejercicios especiales encaminados a tal fin. El programa sobre el cual se apoyan, considerando el rápido y apreciable éxito alcanzado, fue aceptado *de modo tan positivo* tanto por las mujeres como por los hombres que no he podido eludir las peticiones recibidas para la organización de cursos.

Sin embargo, teniendo en cuenta que lamentablemente es tiempo lo que me falta, he decidido dar a conocer mis experiencias así como el conjunto de ejercicios especiales necesarios recurriendo al presente libro.

Muchas personas en el ámbito privado así como buen número de las que se hallan muy ocupadas profesionalmente, y en especial también las mujeres que tienen hijos pequeños, disponen de escaso tiempo libre y es debido a tal circunstancia que *desean* poder *aplicar*, preferiblemente en su propio hogar, un programa individual que no sólo les resulte posible desarrollar, sino que asimismo permita dedicarle poco tiempo. Aun cuando únicamente vamos a precisar de diez minutos diarios para conseguir una mejor figura, es conveniente que este tiempo quede incluido en nuestra lista de actividades cotidianas. Debemos añadir que si no nos gusta llevar a cabo los ejercicios en solitario, entonces podemos realizarlos en compañía de un amigo o una amiga. Sea como fuere procuremos mantenernos siempre dentro del horario previamente elegido al objeto de evitar que surja algo que venga a obstaculizar el buen desarrollo de todo el proceso.

Hay que considerar la ejecución del programa *Bodytrainer* como un agradable aprovechamiento de nuestro tiempo libre y adoptar una actitud positiva en nuestro interior con relación a todos y cada uno de los ejercicios.

Debo dar las gracias a la firma Reebok por proporcionarnos la modelo fotográfica Elke Diefenbach, de los estudios de actividades deportivas y tiempo libre «Highlight» de Usingen, que aparece en las ilustraciones demostrando cada uno de los ejercicios. Asimismo agradezco la colaboración de los estudios de actividades deportivas y temas de salud «Muller's Company» de Schmitten, donde fueron tomadas las fotografías.

A todos deseo diversión y éxito

Sabine Letuwnik

INTRODUCCIÓN
ASPECTOS PREVIOS
QUE DEBEMOS CONOCER

Nuestra vida se caracteriza por una falta de movimiento o con gran frecuencia por prevalecer en ella una actividad que lo limita de forma muy acusada tanto en la vida privada como en la profesional. Por dicho motivo no constituye una rareza el que hagan su aparición bolsas de grasa y que la musculatura carezca de elasticidad. En el caso de las mujeres, los embarazos vienen a representar casi siempre una experiencia contrapuesta con relación a su figura ya que resulta difícil recuperar de nuevo no sólo el peso, sino la figura que se tenía antes de quedar embarazada.

Si uno se siente descontento de su figura, la consecuencia inmediata es que ve con ello afectada su autoestima. Muchas personas que sufren sobrepeso dejan de exhibirse en traje de baño o de aparecer por la playa, aplazan de modo continuado su participación en actividades deportivas y llegan a una situación en que incluso cualquier pequeño esfuerzo las deja, en su gran mayoría, sin aliento y pidiendo un descanso.

Decidámonos pues por un estado físico y una salud mejores así como por una figura más perfecta y una autoestima más elevada.

Si ponemos en práctica de modo regular los ejercicios *Bodytrainer* que se detallan en este libro, conseguiremos de modo *duradero* una figura mejorada. Dichos ejercicios se apoyan sobre una base científica y en ellos no encontraremos ninguna práctica ligada con la moda como es habitual en los que con carácter de novedad nos llega de los Estados Unidos.

Los ejercicios *Bodytrainer* son *cuidadosos* y *efectivos,* y a diferencia de lo que ocurre con los de tipo sostenido, pero con presencia de escaso movimiento, son de tipo amplio y están sometidos a un control dinámico. El principio que rige mis ejercicios es el de un elevado número de repeticiones presididas por reducidas resistencias (intensidades).

Este planteamiento ofrece varias ventajas:

• El consumo calórico es apreciablemente superior que en el caso de ejercicios de tipo *sostenido.*

• El funcionamiento correcto de nuestras articulaciones queda asegurado durante mucho tiempo y además adquieren una mayor resistencia.

• Durante la práctica de los ejercicios no ha de contenerse la respiración, sino que en cada uno de ellos debe mantenerse con tranquilidad y uniformemente. Esta posibilidad, en el caso de los ejercicios de tipo sostenido (sin movimiento) o que requieren un escaso movimiento, no siempre resulta factible.

• Con la aplicación de los ejercicios a los sectores corporales que de forma especial queremos modelar, prescindimos de aquellos que son innecesarios, nos ahorramos tiempo y el resultado es extremadamente efectivo.

Como podemos apreciar, el programa *Bodytrainer* cuenta con sólidas ventajas. ¡Pongámoslo pues en práctica y dejemos que nos convenza a través del éxito que con él alcancemos!

Señalemos por último que además del *Bodytrainer* para «busto y brazos» también están publicados los relacionados con el «barriga, cintura y caderas» y los «glúteos y piernas» dentro de la serie «Modela tu cuerpo».

Sugerencias para la práctica diaria

Llegados a este punto nos queda únicamente hacer mención de un par de sugerencias para la práctica diaria que vendrán a complementar nuestro programa *Bodytrainer* desde el mismo instante en que nos levantemos por la mañana y nos desperecemos.

En el momento de nuestro aseo matinal situémonos delante del espejo y apoyemos las manos con los codos ligeramente doblados. Transfiramos el peso de nuestro cuerpo a los brazos y sometamos a tensión el conjunto muscular constituido no sólo por éstos sino también por el pecho y el cinturón escapular. Mantengámonos en esta actitud durante algunos segundos. Repitamos este ejercicio varias veces todas las mañanas.

Durante el día podemos asimismo hacer algo positivo en favor del espacio corporal representado por la conjunción de brazos y hombros. A tal fin y siempre que dispongamos de algo de tiempo levantemos, bajemos y hagamos girar los hombros hacia adelante y hacia atrás. Especialmente eficaz resulta este ejercicio si sostenemos a derecha e izquierda el conjunto de nuestras compras repartido en dos bolsas de igual peso.

Cómo funciona el programa *Bodytrainer*

El éxito en el moldeado del busto y de los brazos solamente nos será posible alcanzarlo si llevamos a cabo los ejercicios durante un periodo de *10 a 30 minutos* todos los días. También precisa tener presente que tan importante como la frecuencia con que los realicemos es su duración a través del tiempo, es decir, a lo largo de varias semanas y meses. Aquí puede aplicarse ciertamente lo de que una golondrina no hace verano en el sentido de que sólo la constancia nos llevará a alcanzar el resultado perseguido. Transcurrido un corto periodo, generalmente después de una o dos secuencias de ejercicios, experimentaremos una sensación de *mayor bienestar y renovado vigor* y ello debido a que gracias al programa *Bodytrainer* se acentúa en breve plazo el estado de fortalecimiento de la musculatura, es decir, lo que se conoce como tono. Esta situación nos llevará de un modo espontáneo a una sensación de satisfacción personal más elevada.

Transcurrida una semana nos será posible apreciar claramente y siempre en función de las condiciones concurrentes en él, un incremento en la mejora de nuestro estado físico. En cuanto a los primeros resultados positivos, visibles y mensurables en nuestra figura nos será posible percibirlos una vez transcurrido un periodo que puede oscilar entre dos y seis semanas. ¡Debemos, por consiguiente, persistir en nuestro esfuerzo! Premisa para que ello ocurra es, sin embargo, la de que nos tomemos en serio los ejercicios y nos concentremos en su ejecución, y sobre todo recordemos que aun cuando nos sintamos cansados y empecemos a sudar no debemos detenernos. No olvidemos en ningún momento aquello de que sin esfuerzo nada se consigue.

Efectos de los ejercicios corporales:

- Mejora del estado general.
- Mejora del sentimiento de autoestima.
- Mejora del conocimiento del cuerpo.
- Disminución de la tendencia a la depresión y los estados de inquietud.
- Aumento del nivel de equilibrio espiritual.
- Sueño más reparador.
- Mejora de la conducta social y mayor número de contactos personales.
- Mejora en el control sobre el estrés.
- Reducción del consumo de alcohol y medicamentos.
- Mayor concienciación en los hábitos alimenticios.
- Reducción del exceso de peso y eliminación de grasas.
- Protección contra las enfermedades cardiovasculares.
- Disminución del nivel de grasas (colesterol) en la sangre.
- Reforzamiento de la capacidad de resistencia contra las enfermedades.
- Mejora de la función digestiva.

Los programas de ejercicios *Bodytrainer* van destinados a unas áreas concretas de nuestro cuerpo a las que prestan una mayor tersura y fortaleza. Ya sea en los brazos, el pecho, el abdomen, los glúteos o en las piernas siempre hay musculatura cuyo estado o condición querríamos modificar y que cuando la sometemos a unos ejercicios específicos eliminamos con ello grasa corporal. Al mismo tiempo y con carácter paralelo también adquiere mayor firmeza (su tono se eleva). Después de unas cuantas secuencias de ejercicios se produce un aumento de musculatura y una reducción del tejido adiposo y la consecuencia final es que nuestra figura, debido al incremento de masa muscular y a la disminución de grasa, adquiere una compacidad más acentuada. Muchas mujeres, sin embargo, temen desarrollar un exceso de tejido muscular pero con relación a este punto nos cabe asegurar que pueden estar tranquilas ya que para que esto suceda sería preciso contar con un nivel hormonal del que la mayoría carecen. Además se requerirían para tal fin una serie de ejercicios físicos especiales que nada tienen en común con el programa *Bodytrainer*. Un efecto ulterior y en modo alguno menospreciable del programa *Bodytrainer* es la mejora que experimenta nuestro *porte*, el cual, si es bueno, constituye componente esencial de una atractiva figura.

Apetito y ejercicios físicos

Para conseguir la figura soñada debemos primero tener bien claro que con sólo unos ejercicios corporales dicho objetivo no puede conseguirse ya que también depende de ciertos rasgos hereditarios y de la estructura física pero cabe influir sobre ella de modo esencial a través de la ingesta de alimentos y de su grado de asimilación metabólica. Si ingerimos más calorías de las que podemos consumir, tal circunstancia nos llevará irremisiblemente a un aumento de peso. Reduzcamos pues su nivel y esforcémonos para que nuestras comidas sean más sanas y más pobres en grasas y pongamos en práctica el programa *Bodytrainer*.

El exceso de grasa se verá eliminado, por ejemplo, si a través de ejercicios deportivos es más elevado el consumo de energía y al mismo tiempo las necesidades energéticas correspondientes a las calorías consumidas no son objeto de reposición. Cuando se da esta situación, las grasas del tejido adiposo son liberadas y transformadas en energía y el resultado final es una pérdida de peso corporal. Para poner en marcha este proceso aparece especialmente indicado el programa *Bodytrainer* ya que con el mismo podemos ejercer un influjo *específico* sobre nuestra figura.

Los ejercicios constituidos por gran número de repeticiones y niveles de esfuerzo que oscilan entre los de carácter ligero y los de tipo medio, como ocurre con los que se ofrecen en el programa *Bodytrainer*, refrenan, como viene demostrado por la experiencia, las ganas de comer. Situemos pues la ejecución de nuestros ejercicios en un momento que diste de una a dos horas de la comida habitual y nos quedaremos sorprendidos al comprobar cuanto menor es nuestro apetito. También podemos suprimir la comida de vez en cuando y situar los ejercicios del programa *Bodytrainer* en el momento en que teníamos previsto comer. ¡Es medida que compensa!

Antes de que comencemos

¿Qué edad tenemos?

Si tenemos un máximo de treinta años, estamos sanos y nos mantenemos deportivamente activos, entonces podemos comenzar de inmediato.

Si tenemos más de treinta años y gozamos de salud, también podemos comenzar pero pausadamente, en especial si en el curso de los últimos años no hemos practicado deporte alguno. Empecemos pues con el programa correspondiente al nivel 1 y a partir del instante en que ya nos sea posible llevarlo a cabo sin problemas comencemos el del nivel 2.

Si carecemos de todo tipo de entrenamiento y además sobrepasamos los cuarenta deberemos, antes de llevar a la práctica el programa de ejercicios, acudir a la consulta de nuestro médico de cabecera para asegurarnos de que nuestra salud es buena.

¿Gozamos de buena salud?

Si sufrimos de alguna enfermedad, de un traumatismo de cierta antigüedad o bien de una minusvalía orgánica u ortopédica, entonces, independientemente de cuál sea nuestra edad, deberemos acudir al médico para que nos aconseje antes de iniciar los ejercicios *Bodytrainer*. El médico puede hacernos algunas recomendaciones, como por ejemplo si alguno de los ejercicios resulta preferible anteponerlos a los demás e incluso si otros deberían ser eliminados por completo.

¿Somos principiantes o bien ya nos encontramos en un nivel avanzado?

Como principiantes debemos siempre y en todos los casos comenzar con el nivel 1 del programa. Cuando hayamos conseguido la debida soltura y no apreciemos molestia alguna (agujetas) a consecuencia de los ejercicios, entonces podemos mostrarnos más exigentes con nosotros mismos y pasar al nivel 2.

¿Sufrimos de sobrepeso?

Si sufrimos de sobrepeso es necesario que prestemos especial atención a mantener nuestra espalda rígida y erguida durante los ejercicios. Además, en un principio deberemos evitar el dar saltos, sobre todo apoyándonos en un solo pie, ya que en tal caso nuestras articulaciones se verán afectadas al cabo de poco tiempo como consecuencia de unos movimientos desacostumbrados y también de nuestro elevado peso por una sobrecarga que dará lugar a que comiencen a dolernos.

No nos comparemos con aquellos que están delgados. Mover algunos kilos de más supone un elevado esfuerzo que no se produce en el caso de quienes están muy flacos. Asimismo procede tener bien presente que condicionados por el peso debemos esforzarnos más, lo cual da lugar a que nos quedemos más fácilmente sin aliento. Actuemos pues sin incurrir en un falso orgullo o ambición pero sí con vigor y no olvidemos que lo verdaderamente importante es el momento en que de forma progresiva ya podemos apreciar una mejora en nuestro estado físico y en la deseada pérdida de peso.

La secuencia de ejercicios:

Calentamiento - *Bodytrainer* - Vuelta a la calma

Cualquier secuencia de ejercicios deportivos se divide en tres secciones. El programa *Bodytrainer* comienza siempre con los de carácter preparatorio (calentamiento), sigue a continuación lo que constituye la parte esencial del mismo y finaliza con lo que se denomina fase de vuelta a la calma.

El *calentamiento* persigue como fin unificar el esfuerzo para enfrentarse al reto que supone cualquier ejercicio inminente pues debe tenerse en cuenta que el organismo se encuentra, antes del inicio de esta fase, en una situación de «dispersión». Elevemos sólo lentamente el nivel de dificultad de cada uno de los ejercicios y no nos exijamos ya desde el principio de cualquiera de ellos un esfuerzo excesivo ya que ello dará lugar a que el cansancio o el agotamiento aparezcan con mayor rapidez.

No debemos considerar los ejercicios preparatorios como si fueran un mal necesario sino amoldarnos a ellos con espíritu de adaptación y plenamente motivados. Cuanto más elevado sea el nivel alcanzado en nuestro estado físico más tiempo deberemos dedicar al calentamiento.

Conviene señalar en este punto que por la mañana resulta necesario un periodo algo más prolongado de calentamiento que al atardecer y asimismo que si lo que predomina en nuestro entorno es una temperatura cálida, dicho calentamiento requerirá menos tiempo que en el caso de que sea fría.

A continuación del proceso precedente siguen los ejercicios *Bodytrainer* especialmente indicados para el pecho y los brazos. Ahora bien, dado que tras el calentamiento ya nos encontramos perfectamente preparados para ello, no debemos arredrarnos ante lo que puede ser un esfuerzo fatigoso y al mismo tiempo no olvidar que el antiguo principio según el cual sin esfuerzo nada se consigue adquiere una especial validez cuando se trata de prácticas deportivas.

La *vuelta a la calma,* que constituye la última fase, tiene como objeto apaciguar el proceso metabólico y es gracias a ella que el organismo, que como resultado del esfuerzo físico y psíquico desarrollado se encuentra en un estado tenso, regresará de nuevo a una situación de equilibrio. Es importante recordar en este punto que no debemos exigir a nuestro cuerpo ningún otro esfuerzo tras llegar a esta fase y tener presente que la vuelta a la calma va encaminada a conseguir una buena recuperación y a acentuar el deseo de llevar a cabo la ejecución del próximo ejercicio. Finalicemos el programa *Bodytrainer* coincidiendo con el instante en que todavía no estamos «totalmente agotados», ya que si así no procediéramos, nos abandonaría el deseo antes mencionado de iniciar el ejercicio siguiente debido a lo fatigoso que nos ha parecido el último y esto es algo que en modo alguno puede convenir a nuestros intereses.

Debemos dedicarles todo el tiempo que sea necesario

La pregunta sobre el tiempo que es preciso dedicar a los ejercicios surge siempre con carácter recurrente, pero lo cierto es que no existe una respuesta de carácter general a la misma y sólo puede darse a nivel individual. En la práctica se ha demostrado que en el caso de que los ejercicios se lleven a cabo todos los días resulta suficiente invertir en ellos unos 10 minutos por lo que respecta a la parte correspondiente al *Bodytrainer*, al objeto de conseguir una materialización efectiva del objetivo perseguido.

Si sólo dedicamos a los ejercicios tres días a la semana, entonces el periodo necesario deberá ser ampliado hasta situarse entre los 20 y los 30 minutos.

Si somos principiantes resulta normal el que debamos consultar con frecuencia el proceso de ejecución de los ejercicios y precisemos asimismo de unas pausas apreciablemente más largas. Si por el contrario nos encontramos en un nivel avanzado es de todo punto obvio que ya contamos con un conocimiento suficientemente amplio de tales ejercicios y que gracias a la mejora de nuestro estado físico ya no precisamos de unas pausas tan prolongadas. Con ello la duración de los ejercicios puede ser acortada.

Extremo importante es asimismo el que durante la ejecución de los ejercicios procuremos adoptar una actitud mental positiva. El programa *Bodytrainer* supone libertad y de ésta nunca se tiene bastante.

Cómo podemos comprobar el éxito alcanzado

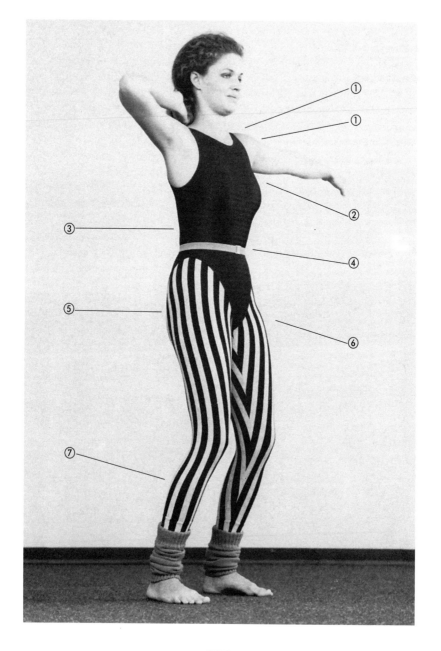

Procedamos a controlar nuestro peso antes de cualquier ejercicio del programa *Bodytrainer* ya que no sólo puede constituir un estímulo, sino también servir de advertencia. La medición de los perímetros corporales sirve para evaluar el éxito y debe ser llevada a cabo, siempre que sea posible, por la misma persona (nosotros mismos, un amigo o una amiga). También es conveniente el que dicha medición se efectúe en unos momentos específicos, como por ejemplo una vez a la semana.

Anotemos cuidadosamente nuestro peso corporal y el resultado obtenido con la medición perimétrica.

En la fotografía de la izquierda se indican, aparte de los puntos de medición correspondientes a los brazos y al pecho, algunos otros más. Dado que el programa *Bodytrainer* para los dos puntos indicados ejerce además unos efectos positivos sobre la figura en su conjunto, resulta recomendable anotar también las medidas perimétricas de algunos otros.

Puntos de medición	
① **Brazo**	Inserción del músculo deltoides (alternativo del bíceps) manteniendo el brazo levantado hacia adelante.
② **Perímetro pectoral**	A la altura de los pezones. Es conveniente procurar que la cinta métrica utilizada se sitúe en posición correcta alrededor del cuerpo.
③ **Cintura**	Por debajo del arco costal.
④ **Ombligo**	Debe efectuarse la medición perimétrica tres centímetros por debajo del ombligo.
⑤ **Caderas (incluidos los glúteos)**	En el punto en que es mayor el perímetro.
⑥ **Muslo**	Cinco centímetros por debajo del pubis. Es conveniente procurar que la cinta métrica utilizada se sitúe en posición correcta alrededor del muslo.
⑦ **Pantorrilla**	En el punto en que es mayor el perímetro.

Cómo debemos vestirnos

Con relación al vestuario apropiado conviene tener presente que las fibras naturales (algodón) o las de carácter especial (algunas de las existentes en el mercado bajo nombres comerciales) son mejores en cuanto a su utilización que las de las prendas confeccionadas con determinadas fibras sintéticas, las cuales provocan la aparición de sudor frío sobre la piel y dan lugar a que se desarrolle un olor desagradable. Es además preferible utilizar varias prendas de tipo ligero que sólo una de carácter grueso. También precisa recordar que las prendas holgadas y elásticas resultan más agradables de llevar que las ajustadas que se adhieren al cuerpo. En cuanto al calzado, tengamos en cuenta que las zapatillas de gimnasia o las utilizadas en la práctica del *jogging* son escasamente apropiadas para la práctica en casa. Las primeras carecen de una adherencia firme y no se adaptan apropiadamente a la planta del pie, mientras que las segundas cuentan por regla general con una suela excesivamente gruesa. Debido a tal circunstancia el resultado inmediato es que nos resulta difícil poder doblar los tobillos cuando tratamos de flexionar las piernas. Para los ejercicios gimnásticos deberemos utilizar, por consiguiente, un calzado deportivo normal con suela plana y que en los establecimientos especializados podremos encontrar modelos destinados a la práctica del aerobic que son muy adecuados para el fin propuesto.

ENTRENAMIENTO.
CÓMO LLEVARLO A CABO

Reglas que siempre debemos observar

• ¡Evitemos la *respiración contenida*! Las principiantes en especial, muestran propensión, sobre todo al esforzarse, a retener el aire en sus pulmones. Respiremos tranquilamente y de un modo uniforme y procedamos a expulsar el aire durante la fase de estiramiento de la musculatura y de superación de la resistencia propia de un ejercicio.

• Una sugerencia: cuando el ritmo respiratorio no se desenvuelva del todo bien, efectuemos cada repetición a ritmo pausado ya que de este modo nos vemos ineludiblemente obligados a inhalar aire durante el ejercicio.

• Tan importante como la respiración vienen a ser el mantener una *posición corporal adecuada* y adoptar una *técnica correcta*. Por consiguiente resulta imprescindible leer cuidadosamente la descripción de cada uno de los ejercicios y compararla con las fotografías. Tras ello ya podremos iniciar la correspondiente práctica.

• *Concentrémonos.* Llevar a cabo los ejercicios de calentamiento, la práctica gimnástica o el *stretching* de forma apropiada es algo que con mucha frecuencia se enfoca de un modo superficial. La ausencia de concentración, el cansancio y los excesos son en múltiples ocasiones la causa primaria de buen número de lesiones, como por ejemplo torceduras de tobillo.

• Con igual grado de concentración que el aplicado a los ejercicios de calentamiento deberemos llevar a cabo la *vuelta a la calma* (distensión). Relaja y destensa la musculatura y repone el equilibrio de nuestro sistema cardiovascular. Con ello se hace mayor el deseo de dar inicio al siguiente ejercicio ya que si lo que acontece es que finalizamos cualquier ejercicio de los que componen el *Bodytrainer* totalmente agotados puede muy bien ocurrir que tal circunstancia nos lleve a exclamar: «¡Nunca más!» y esto evidentemente no obra a favor de nuestros intereses.

CALENTAMIENTO

Antes de que demos inicio a la práctica de los ejercicios de la gimnasia especial es preciso que realicemos previamente los ejercicios preparatorios de carácter general y también específico que se indican a continuación.

Con ello el sistema cardiovascular así como la musculatura, los tendones, los ligamentos y las diversas cápsulas estarán en condiciones de resistir con éxito los ejercicios futuros. Y nuestros movimientos gozarán asimismo de una mayor flexibilidad y nos sentiremos progresivamente más ágiles.

Para el calentamiento podemos utilizar también música de pasodobles como ayuda, ya que contribuirá a inducir el ritmo preciso a nuestros movimientos mientras que en el caso de los ejercicios principales *(Bodytrainer)* deberemos concentrar toda nuestra atención en ellos y por consiguiente omitir toda ayuda musical.

Correr en actitud relajada sobre el mismo sitio. Movamos los brazos acompasadamente y flexionar de modo elástico y consciente las articulaciones de las rodillas y de los pies durante la carrera.

Duración del ejercicio

1 a 3 minutos

Piernas medianamente abiertas. Establecer contacto de forma alternativa entre una mano y el pie del lado contrario.

Duración del ejercicio

30 segundos a 1 minuto

Establecer contacto de forma alternativa entre una rodilla y el codo del lado contrario.

Duración del ejercicio

30 segundos a 1 minuto

Posición conocida como la del títere. Pasar saltando de una posición a otra. Si nuestras condiciones físicas no nos permiten todavía llevarlo a cabo de forma continuada podemos, mientras estamos en la posición de piernas abiertas, efectuar varios movimientos leves de flexión vertical antes de pasar a la de piernas cerradas.

Duración del ejercicio

30 segundos a 1 minuto

Llevar la mano derecha y el pie izquierdo en forma conjunta y alternativamente hacia la parte anterior y la posterior del cuerpo. Si ya reunimos las condiciones físicas necesarias flexionemos levemente o saltemos a un mismo tiempo.

Duración del ejercicio

30 segundos a 1 minuto

Piernas medianamente abiertas. Llevar alternativamente un codo hasta la rodilla opuesta. Desplazar con cada movimiento nuestro peso de una a otra pierna. La espalda debe permanecer recta en todo momento.

Duración del ejercicio

30 segundos a 1 minuto

Extender los brazos hacia arriba y flexionar levantando una rodilla. Al mismo tiempo desplazar hacia abajo los codos previamente flexionados. Sin pausa alguna (paso intermedio) cambiemos de lado.

Duración del ejercicio

30 segundos a 1 minuto

Piernas separadas. Desplazar nuestro peso desde una pierna a la otra, doblando la que queda libre hacia la parte posterior del cuerpo.

Duración del ejercicio

30 segundos a 1 minuto

Bajar y elevar la cabeza. Mantener
cada posición durante 2-3 segundos.

Duración del ejercicio	Pausa
3 veces 20 segundos	20 segundos

EL *BODYTRAINER* PARA LOS PECHOS Y LOS BRAZOS

Es conveniente leer primero atentamente la descripción de los ejercicios, observemos las fotografías y proceder después a una práctica activa.

Para cada uno de los ejercicios encontraremos al pie de la página las necesarias indicaciones de ejecución. Si somos principiantes deberemos utilizar como guía el nivel 1 y si ya contamos con la debida experiencia entonces el nivel 2 será el apropiado.

Para conseguir un efecto óptimo es altamente importante el que los ejercicios para los brazos se realicen con movimientos lentos y uniformes y manteniendo de forma constante la tensión muscular.

Si nuestra preparación física nos sitúa en un nivel avanzado podemos llevar a cabo los ejercicios que aquí se ilustran con ayuda de pequeñas pesas. Con ello conseguiremos prestarles mayor efectividad.

En algunos de los ejercicios podremos apreciar, como medio de ayuda, la presencia de bandas elásticas, las cuales resultan especialmente útiles para su ejecución. Procede señalar, sin embargo, que estos ejercicios pueden igualmente realizarse con bandas distintas de las aquí representadas.

En el caso de ejercicios que exigen estar arrodillado o tendido en el suelo señalaremos que conviene utilizar una superficie mullida, como por ejemplo la que proporciona un felpudo, una toalla, etc.

Inclinar lentamente la cabeza de forma alternativa hacia un lado y otro. Mantener en todo momento la mirada hacia adelante.

Variante:
• Permanezer durante algunos segundos en cada una de las posiciones finales.

	Nivel 1	Nivel 2
Repeticiones	8-10	15-20

Llevar los hombros hacia arriba.

Variantes:
- Llevemos el hombro derecho y el izquierdo alternativamente hacia arriba.
- Doblemos uno de los hombros o ambos hacia adelante y hacia atrás.
- Doblemos ambos hombros.

	Nivel 1	Nivel 2
Repeticiones	8-10	15-20

Hombros inclinados hacia adelante y brazos ligeramente girados hacia adentro. Llevar los hombros de forma alternativa hacia adelante y hacia atrás.

	Nivel 1	Nivel 2
Repeticiones	8-10	15-20

Mover las articulaciones de los hombros hacia adelante y hacia atrás.

Variante:

• Extender los brazos lateralmente y orientados en sentido descendente para regresar de nuevo a la posición de partida.

	Nivel 1	Nivel 2
Repeticiones	8-10	8-10
Pausa	15 segundos	15 segundos
Repeticiones	8-10	8-10
Pausa	-	15 segundos
Repeticiones	-	8-10

Llevar los brazos extendidos delante del cuerpo y tras juntarlos volver a separarlos de nuevo.

Variantes:

• Llevar el brazo izquierdo hacia afuera para regresar después al punto de partida y hacer a continuación lo mismo con el derecho. Durante la ejecución de este movimiento cerrar y abrir con fuerza los puños (efecto complementario sobre el antebrazo).

	Nivel 1	Nivel 2
Repeticiones	8-10	8-10
Pausa	-	15 segundos
Repeticiones	-	8-10

Llevar los brazos juntos ante nuestro cuerpo y moverlos a continuación hacia afuera. Efectuar los movimientos de modo uniforme y controlado y mantener una tensión muscular constante.

Variante:

• Realizar el movimiento dentro de un reducido espacio de acción, por ejemplo sólo delante de nuestro pecho.

	Nivel 1	Nivel 2
Repeticiones	8-10	8-10
Pausa	10 segundos	10 segundos
Repeticiones	8-10	8-10
Pausa	-	10 segundos
Repeticiones	-	8-10

Posición de hombros abiertos. Llevar una mano a la parte posterior de la cabeza y de nuevo a la posición de partida.

Variante:

• Llevar las manos de forma alternativa o con carácter simultáneo a la parte posterior de la cabeza.

	Nivel 1	Nivel 2
Repeticiones	8-10	8-10
Pausa	15 segundos	15 segundos
Repeticiones	8-10	8-10
Pausa	-	15 segundos
Repeticiones	-	8-10

Rodilla en el suelo con uno de los codos descansando sobre el muslo. Inclinarse elevando al mismo tiempo el antebrazo apoyado. Esforzarse en mantener la musculatura en situación de tensión constante. El otro brazo debe permanecer pegado al cuerpo.

Variante:

• Hagamos girar el antebrazo hacia adentro y hacia afuera durante el movimiento.

	Nivel 1	Nivel 2
Repeticiones	8-10	8-10
Pausa	-	10 segundos
Repeticiones	-	8-10

Espalda recta, un pie apoyado sobre la banda elástica, el brazo se mantiene aproximadamente extendido. Llevemos el brazo hacia atrás y en sentido ascendente.

Variantes:

• Permanecer durante algunos segundos en la posición final.

• Con carácter alternativo permanecer durante algunos segundos en la posición superior, la intermedia y la inferior.

	Nivel 1	Nivel 2
Repeticiones	8-10	8-10
Pausa	-	15 segundos
Repeticiones	-	8-10

Tensar la banda elástica por detrás de nuestra espalda y llevar los brazos delante de nuestro cuerpo hasta juntarlos para separarlos de nuevo y situarlos en la posición de partida.

Variante:
• Permanecer durante algunos segundos con los brazos en posición frontal.

	Nivel 1	Nivel 2
Repeticiones	8-10	8-10
Pausa	-	15 segundos
Repeticiones	-	8-10

Poner en contacto las palmas de las manos situándolas a la altura de los hombros. Mientras presionamos una mano contra otra elevar y bajar los brazos por delante del cuerpo.

	Nivel 1	Nivel 2
Repeticiones	8-10	8-10
Pausa	-	15 segundos
Repeticiones	-	8-10

Juntar los brazos con los codos doblados ante nuestro cuerpo y elevarlos y bajarlos ante él.

Variante:

• Durante el ejercicio presionar entre sí y con fuerza la parte interna de los brazos ya que con ello la musculatura del pecho se verá sometida a una mayor tensión.

	Nivel 1	Nivel 2
Repeticiones	8-10	8-10
Pausa	15 segundos	15 segundos
Repeticiones	8-10	8-10
Pausa	-	15 segundos
Repeticiones	-	8-10

Describir a la altura de los hombros y en posición lateral pequeños círculos con los brazos.

Variantes:
- Doblar y extender con carácter alternativo las palmas de las manos.
- Hacer girar hacia adentro y hacia afuera los brazos a partir del codo.

	Nivel 1	Nivel 2
Repeticiones	8-10	8-10
Pausa	-	15 segundos
Repeticiones	-	8-10
Pausa	-	15 segundos
Repeticiones	-	8-10

Extender los brazos hacia adelante y con el dorso de las manos orientado hacia arriba. Cerrar los puños y con un giro efectuado de forma consciente conseguir que los brazos queden en estrecho contacto. Llevarlos después hacia el cuerpo.

	Nivel 1	Nivel 2
Repeticiones	8-10	8-10
Pausa	15 segundos	15 segundos
Repeticiones	8-10	8-10
Pausa	-	15 segundos
Repeticiones	-	8-10

Piernas abiertas. Hacer girar los brazos doblados y situados a la altura de los hombros hacia adentro y hacia afuera.

Variantes:

• En la posición de partida y en la final hacer girar los brazos a partir de la articulación del hombro.

• Desde la posición de partida (fotografía de la derecha) extender los brazos hacia arriba para volver de nuevo al punto inicial.

• Extender los brazos hacia abajo para volver de nuevo al punto inicial.

	Nivel 1	Nivel 2
Repeticiones	8-10	8-10
Pausa	15 segundos	15 segundos
Repeticiones	8-10	8-10
Pausa	-	15 segundos
Repeticiones	-	8-10

Girar los brazos de forma lenta y controlada hacia adentro y hacia afuera a partir de la articulación de los hombros.

	Nivel 1	Nivel 2
Repeticiones	8-10	8-10
Pausa	15 segundos	15 segundos
Repeticiones	8-10	8-10
Pausa	-	15 segundos
Repeticiones	-	8-10

Mantener los brazos doblados frente al cuerpo y a la altura del pecho. Llevarlos hacia afuera y girar las manos. Hacerlo de modo que los codos se mantengan en todo momento a la altura de los hombros.

Variante:
• Realizar también este ejercicio con ayuda de mancuernas de tipo ligero.

	Nivel 1	Nivel 2
Repeticiones	8-10	8-10
Pausa	15 segundos	15 segundos
Repeticiones	8-10	8-10
Pausa	-	15 segundos
Repeticiones	-	8-10

Extender los brazos hacia arriba y por detrás de nuestra cabeza. Manteniendo dicha posición cruzar de forma alternativa y continuada mediante pequeños movimientos.

Variante:

• Realizar el ejercicio también delante del cuerpo y a diferentes alturas.

	Nivel 1	Nivel 2
Repeticiones	8-10	8-10
Pausa	-	15 segundos
Repeticiones	-	8-10

Piernas medianamente separadas. Flexionar la espalda hacia adelante manteniéndola recta, y cruzar y separar alternativamente los brazos previamente extendidos. Proceder de modo que la musculatura de los hombros y los brazos se mantenga en tensión de forma continuada.

	Nivel 1	Nivel 2
Repeticiones	8-10	8-10
Pausa	10 segundos	10 segundos
Repeticiones	8-10	8-10
Pausa	-	10 segundos
Repeticiones	-	8-10

Con el tronco inclinado hacia adelante y la espalda recta extender ambos brazos hacia atrás en sentido ascendente.

	Nivel 1	Nivel 2
Repeticiones	8-10	8-10
Pausa	-	15 segundos
Repeticiones	-	8-10

Con el tronco inclinado hacia adelante extender los brazos hacia abajo. Cerrar los puños y llevar los codos hacia atrás y en sentido ascendente lo máximo que podamos.

	Nivel 1	Nivel 2
Repeticiones	8-10	8-10
Pausa	15 segundos	15 segundos
Repeticiones	8-10	8-10
Pausa	-	15 segundos
Repeticiones	-	8-10

Sentados en el suelo llevar uno de los codos hacia atrás como si quisiéramos tensar un arco.

	Nivel 1	Nivel 2
Repeticiones	8-10	8-10
Pausa	15 segundos	15 segundos
Repeticiones	8-10	8-10
Pausa	-	15 segundos
Repeticiones	-	8-10

Con el brazo extendido tratar de vencer la resistencia opuesta por la banda elástica llevándolo lo más lejos que podamos hacia atrás.

Variantes:
• Permanecer durante algunos segundos en la posición final.
• Con carácter alternativo permanecer durante algunos segundos en varias de las posiciones del brazo.

	Nivel 1	Nivel 2
Repeticiones	8-10	8-10
Pausa	-	15 segundos
Repeticiones	-	8-10

Situar un pie sobre la banda elástica y llevar el brazo izquierdo extendido lo más lejos que podamos hacia atrás. La mano derecha rodea y sujeta la banda elástica.

Variantes:

• Permanecer durante algunos segundos en la posición final.

• Con carácter alternativo permanecer durante algunos segundos en varias de las posiciones del brazo.

	Nivel 1	Nivel 2
Repeticiones	8-10	8-10
Pausa	-	15 segundos
Repeticiones	-	8-10

Rodilla en el suelo. Apoyar una mano sobre la rodilla izquierda mientras la otra, sosteniendo una mancuerna, la llevamos en grado máximo hacia atrás para después volver al punto de partida. El ritmo del movimiento debe ser uniforme y controlado.

Variante:

• Permanecer en la posición de mano extendida hacia atrás manteniendo una tensión muscular máxima.

	Nivel 1	Nivel 2
Repeticiones	8-10	8-10
Pausa	-	15 segundos
Repeticiones	-	8-10

Elevar los glúteos de modo que buena parte del peso corporal descanse sobre nuestras manos.

Variantes:

• Mientras permanecemos en la posición elevada doblemos y extendamos sucesivamente los codos.

• Con carácter alternativo permanecer en la posición superior, la intermedia y la inferior durante algunos segundos.

	Nivel 1	Nivel 2
Repeticiones	8-10	8-10
Pausa	-	15 segundos
Repeticiones	-	8-10

Colocar un pie de modo que el talón se apoye sobre la rodilla de la pierna opuesta. Extender y flexionar después los brazos.

Variante:

• Con carácter alternativo permanecer durante algunos segundos en la posición superior, la intermedia y la inferior.

	Nivel 1	Nivel 2
Repeticiones	8-10	8-10
Pausa	-	30 segundos
Repeticiones	-	8-10

Situar una mano sobre el inicio del brazo opuesto que se halla orientado hacia arriba. Extenderlo y doblarlo de modo alternativo.

Variante:

• Permanecer durante algunos segundos en una posición intermedia.

	Nivel 1	Nivel 2
Repeticiones	8-10	8-10
Pausa	-	10 segundos
Repeticiones	-	8-10

Apoyar las manos contra una pared a la altura de los hombros y doblar y extender los brazos. Mediante la modificación de la distancia existente entre pies y pared variaremos la intensidad del ejercicio.

Variante:

• Mientras doblamos y extendemos los brazos, acentuar la presión ejercida ya sea sobre la mano derecha o la izquierda.

	Nivel 1	Nivel 2
Repeticiones	8-10	8-10
Pausa	-	20 segundos
Repeticiones	-	8-10

Apoyarse en el suelo con las manos ligeramente giradas hacia adentro. Cruzar las piernas y elevar las pantorrillas hasta casi situarlas en sentido perpendicular a las rodillas. Mantener recta la espalda. Doblar y extender los brazos.

Variantes:

• Permanecer durante algunos segundos en la posición inferior antes de volver a situarnos en la superior.

• Con carácter alternativo permanecer durante algunos segundos en la posición superior, la intermedia y la inferior.

	Nivel 1	Nivel 2
Repeticiones	8-10	8-10
Pausa	-	30 segundos
Repeticiones	-	8-10

Hacer girar ligeramente las manos hacia adentro y con una torsión del cuerpo situar la cadera a la izquierda y la derecha alternativamente sobre el suelo.

	Nivel 1	Nivel 2
Repeticiones	8-10	8-10
Pausa	-	30 segundos
Repeticiones	-	8-10

Posición lateral: con la mano del brazo en posición inferior sujetar la cadera opuesta y con el otro brazo impulsar el tronco hacia arriba.

Variantes:

• Permanecer durante algunos segundos en la posición superior.

• Con carácter alternativo permanecer durante algunos segundos en la posición superior, la intermedia y la inferior.

	Nivel 1	Nivel 2
Repeticiones	8-10	8-10
Pausa	-	30 segundos
Repeticiones	-	8-10

Con ayuda de la presión ejercida por uno de los brazos elévemonos lateralmente mientras llevamos el otro hacia arriba imprimiéndole un ligero giro hacia adentro.

Variante:

• Con carácter alternativo permanecer durante algunos segundos en la posición superior, la intermedia y la inferior.

	Nivel 1	Nivel 2
Repeticiones	8-10	8-10
Pausa	-	30 segundos
Repeticiones	-	8-10

Con el tronco ligeramente levantado extender los brazos lateralmente y hacerlos girar a partir de la articulación de los hombros.

Variantes:
- Llevar los brazos extendidos lateralmente hacia adelante y hacia atrás.
- Hacer con los brazos extendidos pequeños círculos en sentido hacia adelante y hacia atrás.

	Nivel 1	Nivel 2
Repeticiones	8-10	8-10
Pausa	-	10 segundos
Repeticiones	-	8-10

Entrelazar por la espalda las manos de los brazos extendidos, llevarlos lo más atrás que podamos separándolos del cuerpo. Al mismo tiempo levantar ligeramente el tronco.

Variante:
- Permanecer durante algunos segundos en la posición final.

	Nivel 1	Nivel 2
Repeticiones	8-10	8-10
Pausa	-	10 segundos
Repeticiones	-	8-10

Extender los brazos hacia adelante y en contacto con el suelo. Levantar a continuación el brazo derecho y el izquierdo alternativamente.

Variante:
• Permanecer durante algunos segundos en la posición final.

	Nivel 1	Nivel 2
Repeticiones	8-10	8-10
Pausa	-	15 segundos
Repeticiones	-	8-10

Extender los brazos hacia adelante en contacto con el suelo, levantar alternativamente un brazo y otro y girar al mismo tiempo el tronco.

Variantes:
  • Mantener durante algunos segundos la posición final.
  • Oscilar el brazo hacia arriba y hacia abajo varias veces en la posición final.

	Nivel 1	**Nivel 2**
Repeticiones	8-10	8-10
Pausa	-	15 segundos
Repeticiones	-	8-10

Desde la posición de partida llevar los brazos extendidos hacia adelante hasta alcanzar un punto en el que nos sea posible volver al inicial con ayuda de nuestro propio esfuerzo. Extender después el brazo derecho y el izquierdo alternativamente lo más lejos que podamos para retroceder a continuación.

	Nivel 1	Nivel 2
Repeticiones	8-10	8-10
Pausa	-	15 segundos
Repeticiones	-	8-10

Elevar el tronco y los brazos extendidos hacia adelante, acentuar en la medida de lo posible la postura ascendente de éstos.

Variante:
• Permanecer durante algunos segundos en la posición final.

	Nivel 1	Nivel 2
Repeticiones	8-10	8-10
Pausa	-	10 segundos
Repeticiones	-	8-10

El brazo extendido lateralmente debe ser llevado hacia arriba para volver acto seguido a la posición inicial. Procurar que el movimiento sea efectuado de modo uniforme y controlado, manteniendo de modo consciente la tensión en la musculatura del hombro y del brazo.

Variante:

• Llevar los brazos ya sea alternativamente o a un mismo tiempo hacia arriba.

	Nivel 1	Nivel 2
Repeticiones	8-10	8-10
Pausa	-	15 segundos
Repeticiones	-	8-10

Entrelazar las manos por encima de la cabeza. A continuación extender y doblar ambos brazos a la vez.

	Nivel 1	Nivel 2
Repeticiones	8-10	15-20

Inclinar el tronco hacia adelante manteniendo la espalda recta y los brazos extendidos.
Imprimir a éstos un movimiento oscilatorio a
partir de la articulación del hombro hacia adelante y en sentido ascendente.

	Nivel 1	Nivel 2
Repeticiones	8-10	15-20

Doblar ligeramente las rodillas, inclinar el tronco hacia adelante y mantener también hacia adelante los brazos ligeramente doblados. A continuación extender de modo alternativo y en forma plena el brazo izquierdo y el derecho como si quisiéramos coger algo que se encuentra frente a nosotros.

Variante:
• Describir pequeños círculos con los brazos hacia adentro y hacia afuera.

	Nivel 1	Nivel 2
Repeticiones	8-10	8-10
Pausa	-	15 segundos
Repeticiones	-	8-10

Apoyar la mano derecha sobre el muslo y con una ligera inclinación lateral extender el otro brazo hacia arriba procurando que llegue lo más lejos posible. Durante el ejercicio mantener ambos pies plenamente en contacto con el suelo.

Variante:

• Permanecer durante algunos segundos en la posición final, y tras percibir la aparición de tensión en los músculos, cambiar de lado.

	Nivel 1	Nivel 2
Repeticiones	8-10	15-20

Extender alternativamente nuestro brazo derecho y el izquierdo lo más arriba posible en dirección al techo. El tronco ha de permanecer recto sin inclinación lateral alguna.

	Nivel 1	Nivel 2
Repeticiones	8-10	15-20

VUELTA A LA CALMA
(Distensión)

Con objeto de que después del considerable esfuerzo vigorizador realizado podamos recuperarnos tanto a nivel mental como corporal, deberemos siempre efectuar los ejercicios de vuelta a la calma, el propósito de los cuales es que nos repongamos y eliminemos todos los residuos metabólicos que hayan podido producirse. Sin embargo en ningún caso su realización habrá de llevarse a cabo con un nivel de intensidad tal que al término de los mismos nos sintamos agotados y cansados. ¡La finalidad perseguida es percibir un progresivo restablecimiento a medida que los vayamos poniendo en práctica! Por consiguiente prestemos atención, durante los relajantes ejercicios de vuelta a la calma, a los efectos que los mismos vayan dejando sentir sobre nuestro cuerpo y no olvidemos que siempre es preciso completar cada uno de los que componen el programa *Bodytrainer* de modo que sintamos deseos de iniciar el siguiente.

Tenderse con la parte superior de la espalda descansando sobre un cojín o cualquier otro apoyo de tipo mullido. Extender los brazos y percibir la recuperación de nuestra musculatura. Procurar relajarse de forma plenamente consciente.

Duración del ejercicio	Pausas
3 veces 30 segundos	20 segundos

Entrelazar las manos tras la espalda. Simultáneamente y con una inclinación del tronco hacia adelante elevarlas ligeramente manteniéndolas unidas.

Duración del ejercicio	Pausas
3 veces 20 segundos	20 segundos

Elevar los glúteos y con un movimiento deslizante desplazar nuestro tronco hacia adelante. Sentir, siendo plenamente conscientes, la acción recuperadora en el pecho, los brazos y los hombros.

Duración del ejercicio	Pausas
3 veces 20 segundos	20 segundos

Rodear las espinillas con las manos y dejar caer nuestros hombros hacia adelante tanto como nos sea posible. Percibir plenamente consciente la acción relajante en el espacio constituido por los hombros y la nuca.

Duración del ejercicio	Pausas
3 veces 30 segundos	20 segundos

PROGRAMA DE EJERCICIOS

Programa para el nivel I

Programa de 10 minutos para principiantes

Calentamiento	Bodytrainer	Vuelta a la calma
1	3	3
4	11	4
6	15	
9	16	
	21	
	22	
	29	
	32	
	45	

Programa de 20 minutos para principiantes

Calentamiento	Bodytrainer		Vuelta a la calma
1	1	16	1
3	2	21	3
4	3	22	4
7	7	25	
9	8	29	
	11	32	
	12	45	
	14		

Programa para el nivel 2

Programa de 20 minutos para avanzados

Calentamiento	Bodytrainer		Vuelta a la calma
1	3	15	1
2	5	21	3
3	8	22	4
4	9	26	
5	11	30	
7	12		
9	14		

Programa de 30 minutos para avanzados

Calentamiento	Bodytrainer			Vuelta a la calma
1	1	13	27	1
2	3	14	28	3
3	5	15	31	4
4	8	17	33	
5	9	19	41	
6	11	22	45	
9	12	25		

Programa de 45 minutos para avanzados

Calentamiento	Bodytrainer				Vuelta a la calma
1	1	14	25	41	1
2	2	15	27	43	2
3	3	16	28	44	3
4	6	18	30	45	4
5	8	19	31		
6	9	20	33		
7	10	21	34		
8	11	22	37		
9	12	23	38		